Mélanie Martin

SUPERKUCHEN

Die neue Leichtigkeit – süß & pikant

Fotos von Bernard Radvaner
Styling von Motoko Okuno

Inhalt

Einleitung

Als ich zum ersten Mal von diesen Superkuchen hörte, habe ich die Stirn gerunzelt. Bei meinen Nach-forschungen in der kulinarischen Bloggerszene habe ich *Eryn et sa folle cuisine* entdeckt. Die Kanadierin Eryn hat vor ein paar Jahren einen unglaublich leckeren Apfelkuchen in ihrem Blog vorgestellt, und seitdem hat das Rezept viele begeisterte Anhänger.

Dieser Apfelkuchen ist eigentlich kein richtiger Kuchen, sondern ein Zwischending aus zart schmelzendem Flan, Auflauf und Gratin. Er enthält mehr Obst bzw. Früchte als Teig, sodass der Teig quasi unsichtbar ist. Dieser Kuchen ist sehr leicht und umso unwiderstehlicher, denn die vielen Scheiben lassen uns den Geschmack der Früchte intensiver erleben.

Lassen Sie sich von den vielen kreativen süßen und herzhaften Abwandlungen von Eryns Kuchen verführen und entdecken Sie 30 leckere Rezepte!

So gelingt der Superkuchen

OBST UND GEMÜSE RICHTIG AUSWÄHLEN

Für einen Superkuchen eignen sich alle Obst- und Gemüsesorten, die sich leicht in sehr feine Scheiben schneiden lassen, wie Äpfel, Birnen, Kiwis, Bananen, Kürbis, Kartoffeln, Rote Beten usw. Seien Sie experimentierfreudig und kombinieren Sie unterschiedliche Sorten, die Sie nach Belieben mit verschiedensten Gewürzen aromatisieren können.

RICHTIG SCHNEIDEN

Ein Superkuchen besteht im Wesentlichen aus Obst oder Gemüse und wenig Teig. Obst und Gemüse sollten so fein wie möglich geschnitten werden. Das geht besonders einfach und schnell mit einem Hobel oder einer Mandoline, mit denen sich gleichmäßig dünne Scheiben schneiden lassen. Bestimmte Obst- und Gemüsesorten können auch in der Küchenmaschine mit einem entsprechenden Aufsatz verarbeitet werden.

Wenn Sie weder Küchenmaschine noch Hobel noch Mandoline besitzen, tut es auch ein gutes, sehr scharfes Küchenmesser. Achten Sie dabei aber darauf, dass die Scheiben möglichst die gleiche Dicke haben, damit sie gleichmäßig garen.

DIE RICHTIGE BACKFORM

Ob quadratisch, rechteckig oder rund – Sie haben die freie Wahl. Wichtig ist nur, dass die Backform für Ihren Superkuchen nicht allzu groß ist. Ein Durchmesser bzw. eine Seitenlänge von 20 cm ist ausreichend. So erhält der Kuchen besonders viele Obst- oder Gemüselagen, die nach dem Aufschneiden eine attraktive Optik ergeben.

Apfel-Vanille

Für 6 Personen • Zubereiten: 20 Minuten • Backen: 35–40 Minuten

Das Rezept

1. Für den Teig die Vanilleschote mit einem kleinen Messer längs aufschlitzen und das Mark herauskratzen. Zusammen mit Eiern und Zucker in eine Schüssel geben und kräftig rühren, bis die Masse blass-schaumig ist.

2. Die Butter zerlassen und etwas abkühlen lassen. Zusammen mit der Milch in die Eiermasse rühren. Mehl, Backpulver und Salz mischen und nach und nach unter Rühren in den Teig sieben. Der Teig sollte glatt und klümpchenfrei sein.

3. Den Backofen auf 200 °C vorheizen. Die Äpfel schälen, vierteln und entkernen. Mit einem Hobel, einer Mandoline oder in der Küchenmaschine mit Schnitzelaufsatz in sehr feine Scheiben schneiden. Portionsweise sofort in den Teig geben und vorsichtig mischen, bis die Apfelscheiben vollständig eingehüllt sind und nicht braun werden können.

4. Die Backform mit der Butter einfetten und mit dem Mehl ausstäuben. Die Form umdrehen und kurz auf die Arbeitsfläche klopfen, um überschüssiges Mehl zu entfernen. Die Apfel-Teig-

Die Zutaten

Vanilleschote	1
Eier	2
brauner Zucker	50 g
Butter	20 g
Milch	100 ml
Weizenmehl	70 g
Backpulver	1 Päckchen
Salz	1 Prise
Äpfel (Pink Lady, Golden Delicious, Gala)	6

Für eine runde Backform mit 20 cm Durchmesser oder eine quadratische Form mit 20 cm Seitenlänge

weiche Butter	30 g
Weizenmehl	30 g

Masse in die Form füllen und die Oberfläche glätten. Im vorgeheizten Ofen 35–40 Minuten backen, bis die Oberfläche goldbraun ist.

5. Lauwarm abkühlen lassen, dann in Stücke schneiden. Lauwarm oder kalt servieren.

Apfel-Krokant

Für 6 Personen • Zubereiten: 20 Minuten • Backen: 35–40 Minuten

Das Rezept

1. Für den Teig Eier und Zucker in eine Schüssel geben und kräftig rühren, bis die Masse blass-schaumig ist. Haselnussöl und Milch unter Rühren in die Eiermasse gießen. Mehl, Backpulver und Salz mischen und nach und nach unter Rühren in den Teig sieben. Der Teig sollte glatt und klümpchenfrei sein.

2. Den Backofen auf 200 °C vorheizen. Die Äpfel schälen, vierteln und entkernen. Mit einem Hobel, einer Mandoline oder in der Küchenmaschine mit Schnitzelaufsatz in sehr feine Scheiben schneiden. Portionsweise sofort in den Teig geben und vorsichtig mischen, bis die Apfelscheiben vollständig eingehüllt sind und nicht braun werden können.

3. Die Backform mit der Butter einfetten und mit dem Mehl ausstäuben. Die Form umdrehen und kurz auf die Arbeitsfläche klopfen, um überschüssiges Mehl zu entfernen. Die Apfel-Teig-Masse in die Form füllen und die Oberfläche glätten. Im vorgeheizten Ofen 35–40 Minuten backen, bis die Oberfläche goldbraun ist.

4. Lauwarm abkühlen lassen, dann mit dem Krokant bestreuen und in Stücke schneiden. Lauwarm oder kalt servieren.

Die Zutaten

Eier	2
brauner Zucker	50 g
Haselnussöl	1 EL
Milch	100 ml
Weizenmehl	70 g
Backpulver	1 Päckchen
Salz	1 Prise
Äpfel (Pink Lady, Golden Delicious, Gala)	6
Krokant	2 EL

Für eine runde Backform mit 20 cm Durchmesser oder eine quadratische Form mit 20 cm Seitenlänge

weiche Butter	30 g
Weizenmehl	30 g

Birne-Schokolade

Für 6 Personen • Zubereiten: 20 Minuten • Backen: 35–40 Minuten

Das Rezept

1. Für den Teig Eier und Zucker in eine Schüssel geben und kräftig rühren, bis die Masse blass-schaumig ist. Die Butter zerlassen und etwas abkühlen lassen. Zusammen mit der Milch unter Rühren in die Eiermasse gießen. Mehl, Backpulver und Salz mischen und nach und nach unter Rühren in den Teig sieben. Der Teig sollte glatt und klümpchenfrei sein.

2. Den Backofen auf 200 °C vorheizen. Die Birnen schälen, vierteln und entkernen. Mit einem Hobel, einer Mandoline oder in der Küchenmaschine mit Schnitzelaufsatz in sehr feine Scheiben schneiden. Portionsweise sofort in den Teig geben und vorsichtig mischen, bis die Birnenscheiben vollständig eingehüllt sind und nicht braun werden können.

3. Die Backform mit der Butter einfetten und mit dem Mehl ausstäuben. Die Form umdrehen und kurz auf die Arbeitsfläche klopfen, um überschüssiges Mehl zu entfernen. Die Birnen-Teig-Masse in die Form füllen und die Oberfläche glätten. Im vorgeheizten Ofen 35–40 Minuten backen, bis die Oberfläche goldbraun ist.

Die Zutaten

Eier	2
brauner Zucker	50 g
Butter	20 g
Milch	100 ml
Weizenmehl	70 g
Backpulver	1 Päckchen
Salz	1 Prise
Birnen (Conference)	6
Zartbitterschokolade	40 g

Für eine runde Backform mit 20 cm Durchmesser oder eine quadratische Form mit 20 cm Seitenlänge

weiche Butter	30 g
Weizenmehl	30 g

4. Inzwischen die Schokolade mit einem Kochmesser hacken. Den Kuchen aus dem Ofen nehmen und sofort mit der Schokolade bestreuen, damit sie schmilzt. Lauwarm abkühlen lassen, dann in Stücke schneiden. Lauwarm oder kalt servieren.

Pfirsich und Apfel

Für 6 Personen • Zubereiten: 20 Minuten • Backen: 35–40 Minuten

Das Rezept

1. Für den Teig Eier und Zucker in eine Schüssel geben und kräftig rühren, bis die Masse blass-schaumig ist. Die Butter zerlassen und etwas abkühlen lassen. Zusammen mit der Milch unter Rühren in die Eiermasse gießen. Mehl, Backpulver und Salz mischen und nach und nach unter Rühren in den Teig sieben. Der Teig sollte glatt und klümpchenfrei sein.

2. Den Backofen auf 200 °C vorheizen. Die Pfirsiche häuten, vierteln und entsteinen. Mit einem Hobel, einer Mandoline oder mit dem Messer in sehr feine Scheiben schneiden.

3. Die Äpfel schälen, vierteln und entkernen. Mit einem Hobel oder einer Mandoline in sehr feine Scheiben schneiden. Apfel- und Pfirsichscheiben portionsweise sofort in den Teig geben und vorsichtig mischen, bis sie vollständig eingehüllt sind.

4. Die Backform mit der Butter einfetten und mit dem Mehl ausstäuben. Die Form umdrehen und kurz auf die Arbeitsfläche klopfen, um überschüssiges Mehl zu entfernen. Die Obst-Teig-Masse in die Form füllen und die Oberfläche glätten. Im vorgeheizten Ofen 35–40 Minuten backen, bis die Oberfläche goldbraun ist.

5. Lauwarm abkühlen lassen, dann in Stücke schneiden. Lauwarm oder kalt servieren.

Die Zutaten

Eier 2
brauner Zucker ....50 g
Butter ....20 g
Milch ....100 ml
Weizenmehl ....70 g
Backpulver ....1 Päckchen
Salz ....1 Prise
nicht zu weiche Weinbergpfirsiche 4
Äpfel (Gala) 3

Für eine runde Backform mit 20 cm Durch-messer oder eine quadratische Form mit 20 cm Seitenlänge

weiche Butter ....30 g
Weizenmehl ....30 g

Apfel und Birne mit Sternanis

Für 6 Personen • Zubereiten: 20 Minuten • Backen: 35–40 Minuten

Das Rezept

1. Für den Teig Eier und Zucker in eine Schüssel geben und kräftig rühren, bis die Masse blassschaumig ist. Die Butter zerlassen und etwas abkühlen lassen. Zusammen mit der Milch unter Rühren in die Eiermasse gießen. Sternanis, Mehl, Backpulver und Salz mischen und nach und nach unter Rühren in den Teig sieben. Der Teig sollte glatt und klümpchenfrei sein.

2. Den Backofen auf 200 °C vorheizen. Äpfel und Birnen schälen, vierteln und entkernen. Mit einem Hobel, einer Mandoline oder in der Küchenmaschine mit Schnitzelaufsatz in sehr feine Scheiben schneiden. Portionsweise sofort in den Teig geben und vorsichtig mischen, bis die Obstscheiben vollständig eingehüllt sind und nicht braun werden können.

3. Die Backform mit der Butter einfetten und mit dem Mehl ausstäuben. Die Form umdrehen und kurz auf die Arbeitsfläche klopfen, um überschüssiges Mehl zu entfernen. Die Obst-Teig-Masse in die Form füllen und die Oberfläche glätten. Im vorgeheizten Ofen 35–40 Minuten backen, bis die Oberfläche goldbraun ist.

4. Lauwarm abkühlen lassen, dann in Stücke schneiden. Lauwarm oder kalt servieren.

Die Zutaten

Eier 2
brauner Zucker ....50 g
Butter ....20 g
gemahlener Sternanis ....1 TL
Milch ....100 ml
Weizenmehl ....70 g
Backpulver ....1 Päckchen
Salz ....1 Prise
Äpfel (Pink Lady,
Golden Delicious, Gala).........................3
Birnen (Conference) 3

Für eine runde Backform mit 20 cm Durchmesser oder eine quadratische Form mit 20 cm Seitenlänge

weiche Butter ....30 g
Weizenmehl ....30 g

Quitte mit Zitrone

Für 6 Personen • Zubereiten: 35 Minuten • Backen: 35–40 Minuten

Das Rezept

1. Die Quitten waschen, schälen, vierteln und entkernen. Die Quittenviertel samt Schalen mit Wasser, Zucker und Vanillezucker in einen großen Topf geben und zum Kochen bringen. Dann bei mittlerer Hitze 8–10 Minuten garen. Abtropfen und erkalten lassen.

2. Für den Teig die Schale der Zitronenhälfte fein abreiben. Eier und Zucker in eine Schüssel geben und kräftig rühren, bis die Masse blass-schaumig ist. Die Butter zerlassen und etwas abkühlen lassen. Zusammen mit der Milch unter Rühren in die Eiermasse gießen. Die Zitronenschale einarbeiten. Mehl, Backpulver und Salz mischen und nach und nach unter Rühren in den Teig sieben. Der Teig sollte glatt und klümpchenfrei sein.

3. Die Quitten in sehr feine Scheiben schneiden oder hobeln. Portionsweise sofort in den Teig geben und vorsichtig mischen, bis die Scheiben vollständig eingehüllt sind.

4. Den Backofen auf 200 °C vorheizen. Die Backform mit der Butter einfetten und dem Mehl ausstäuben. Umdrehen und kurz auf die Arbeitsfläche klopfen, um überschüssiges Mehl zu entfernen. Die Quitten-Teig-Masse in die Form füllen und die Oberfläche glätten. Im vorgeheizten Ofen 35–40 Minuten backen, bis die Oberfläche goldbraun ist.

5. Lauwarm abkühlen lassen, dann in Stücke schneiden. Lauwarm oder kalt servieren.

Die Zutaten

Für die Quitten

Quitten	3–4 (etwa 900 g)
Wasser	1 l
Zucker	50 g
Vanillezucker	1 TL

Für den Teig

unbehandelte Zitrone	1
Eier	2
brauner Zucker	50 g
Butter	20 g
Milch	100 ml
Weizenmehl	70 g
Backpulver	1 Päckchen
Salz	1 Prise

Für eine runde Backform mit 20 cm Durchmesser oder eine quadratische Form mit 20 cm Seitenlänge

weiche Butter	30 g
Weizenmehl	30 g

Tipp

Sie können den Kuchenteig mit zusätzlichen 30 g Zucker verfeinern.

Nektarine-Mandel

Für 6 Personen • Zubereiten: 25 Minuten • Backen: 35–40 Minuten

Die Zutaten

Eier 2
brauner Zucker ....50 g
Butter ....20 g
Bittermandelaroma................................1 TL
Milch..100 ml
Weizenmehl ....70 g
Backpulver ....1 Päckchen
Salz ....1 Prise
nicht zu weiche Nektarinen 8
abgezogene Mandeln................................40 g

Für eine runde Backform mit 20 cm Durch-messer oder eine quadratische Form mit 20 cm Seitenlänge

weiche Butter ....30 g
Weizenmehl ....30 g

Das Rezept

1. Für den Teig Eier und Zucker in eine Schüssel geben und kräftig rühren, bis die Masse blass-schaumig ist. Die Butter zerlassen und etwas abkühlen lassen. Zusammen mit Bittermandel-aroma und Milch unter Rühren in die Eiermasse gießen. Mehl, Backpulver und Salz mischen und nach und nach unter Rühren in den Teig sieben. Der Teig sollte glatt und klümpchenfrei sein.

2. Den Backofen auf 200 °C vorheizen. Die Nektarinen waschen, vierteln und entsteinen. Mit einem Hobel, einer Mandoline oder einem scharfen Messer in sehr feine Scheiben schneiden. Portionsweise sofort in den Teig geben und vorsichtig mischen, bis die Nektarinenscheiben vollständig eingehüllt sind.

3. Die Backform mit der Butter einfetten und mit dem Mehl ausstäuben. Die Form umdrehen und kurz auf die Arbeitsfläche klopfen, um überschüssiges Mehl zu entfernen. Die Nektarinen-Teig-Masse in die Form füllen und die Oberfläche glätten. Im vorgeheizten Ofen 35–40 Minuten backen, bis die Oberfläche goldbraun ist.

4. Die Mandeln mit einem großen Messer grob hacken. Den Kuchen lauwarm abkühlen lassen, dann mit den Mandeln bestreuen und in Stücke schneiden. Lauwarm oder kalt servieren.

Apfel-Salzkaramell

Für 6 Personen • Zubereiten: 25 Minuten • Backen: 35–40 Minuten

Das Rezept

1. Für den Teig Eier und Zucker in eine Schüssel geben und kräftig rühren, bis die Masse blassschaumig ist. Die Butter zerlassen und etwas abkühlen lassen. Zusammen mit der Milch unter Rühren in die Eiermasse gießen. Mehl, Backpulver und Salz mischen und nach und nach unter Rühren in den Teig sieben. Der Teig sollte glatt und klümpchenfrei sein.

2. Den Backofen auf 200 °C vorheizen. Die Äpfel vierteln und entkernen. Mit einem Hobel, einer Mandoline oder in der Küchenmaschine mit Schnitzelaufsatz in sehr feine Scheiben schneiden. Portionsweise sofort in den Teig geben und vorsichtig mischen, bis die Apfelscheiben vollständig eingehüllt sind und nicht braun werden können.

3. Die Backform mit der Butter einfetten und mit dem Mehl ausstäuben. Die Form umdrehen und kurz auf die Arbeitsfläche klopfen, um überschüssiges Mehl zu entfernen. Die Apfel-Teig-Masse in die Form füllen und die Oberfläche glätten. Im vorgeheizten Ofen 35–40 Minuten backen, bis die Oberfläche goldbraun ist.

4. Inzwischen für den Salzkaramell den Zucker in einem Topf sanft erhitzen, bis er schmilzt und hellbraun ist. Die gewürfelte Butter zufügen und rühren, bis die Masse glatt ist. Den Topf vom Herd nehmen und die Sahne einarbeiten.

Die Zutaten

Für den Teig

Eier	2
brauner Zucker	50 g
Butter	20 g
Milch	100 ml
Weizenmehl	70 g
Backpulver	1 Päckchen
Salz	1 Prise
Äpfel (Granny Smith)	6

Für den Salzkaramell

Zucker	250 g
gesalzene Butter	200 g
Sahne	250 g

Für eine runde Backform mit 20 cm Durchmesser oder eine quadratische Form mit 20 cm Seitenlänge

weiche Butter	30 g
Weizenmehl	30 g

Tipp

Sie können die Äpfel auch schälen.

5. Den Kuchen lauwarm abkühlen lassen, dann in Stücke schneiden. Mit dem Karamell überziehen. Lauwarm oder kalt servieren.

Gewürzbirnenkuchen mit Pflaumensorbet

Für 6 Personen • Zubereiten: 20 Minuten • Backen: 35–40 Minuten • Gerät: Mixer

Das Rezept

1. Für das Sorbet die Pflaumen 35–45 Sekunden in einen Topf mit kochendem Wasser tauchen. Abgießen und die Pflaumen in Eiswasser abschrecken. Wenn die Pflaumen kalt sind, die Haut abziehen, die Pflaumen halbieren und entsteinen.

2. Die Hälfte der Zitronenschale fein abreiben. Die Zitrone auspressen und 50 ml abmessen. Zucker, Wasser, Zitronensaft und -schale in einem Topf unter Rühren aufkochen, bis der Zucker sich aufgelöst hat. Den Sirup vollständig erkalten lassen.

3. Pflaumen und Sirup in den Mixer geben und glatt pürieren. Die Masse in eine flache Form füllen, mit Frischhaltefolie abdecken und 1 Stunde tiefkühlen. Mit einer Gabel aufkratzen, um die Eiskristalle zu zerkleinern. Dann weitere 2 Stunden ins Gefrierfach geben, bis das Sorbet fest ist. Vor dem Servieren das Sorbet in den Mixer geben und 1–2 Minuten cremig mixen.

4. Den Teig wie auf Seite 16 beschrieben zubereiten. Dabei das Gewürz zusammen mit dem Mehl einarbeiten. Den Backofen auf 200 °C vorheizen.

5. Die Birnen schälen, vierteln und entkernen und in sehr feine Scheiben schneiden. Portionsweise sofort in den Teig geben und vorsichtig mischen, bis die Birnenscheiben vollständig eingehüllt sind und nicht braun werden können.

6. Die Backform mit der Butter einfetten und dem Mehl ausstäuben. Umdrehen und auf die Arbeits-

Die Zutaten

Für das Pflaumensorbet

Pflaumen ....450 g
unbehandelte Zitrone.......................................1
Zucker ....150 g
Wasser ....150 ml

Für den Teig

Eier 2
brauner Zucker ....50 g
Butter ....20 g
Milch..100 ml
Weizenmehl ....70 g
Backpulver ....1 Päckchen
Lebkuchengewürz................................1 TL
Salz ....1 Prise
Birnen (Conference) 6

Für eine Backform mit 20 cm Durchmesser oder 20 cm Seitenlänge

weiche Butter ....30 g
Weizenmehl ....30 g

fläche klopfen, um überschüssiges Mehl zu entfernen. Die Birnen-Teig-Masse in die Form füllen und die Oberfläche glätten. Im vorgeheizten Ofen 35–40 Minuten backen, bis die Oberfläche goldbraun ist. Lauwarm in Stücke schneiden. Lauwarm oder kalt mit einer Kugel Pflaumensorbet servieren.

Erdbeer-Nektarine

Für 6 Personen • Zubereiten: 25 Minuten • Backen: 35–40 Minuten

Die Zutaten

Eier 2
brauner Zucker ....50 g
Butter ....20 g
Milch...100 ml
Weizenmehl ....70 g
Backpulver ....1 Päckchen
Salz ....1 Prise
nicht zu weiche Nektarinen 5
große Erdbeeren...............................300 g

Für eine runde Backform mit 20 cm Durchmesser oder eine quadratische Form mit 20 cm Seitenlänge

weiche Butter ....30 g
Weizenmehl ....30 g

Das Rezept

1. Für den Teig Eier und Zucker in eine Schüssel geben und kräftig rühren, bis die Masse blassschaumig ist. Die Butter zerlassen und etwas abkühlen lassen. Zusammen mit der Milch unter Rühren in die Eiermasse gießen. Mehl, Backpulver und Salz mischen und nach und nach unter Rühren in den Teig sieben. Der Teig sollte glatt und klümpchenfrei sein.

2. Den Backofen auf 200 °C vorheizen. Die Nektarinen waschen, vierteln und entsteinen. Mit einem Hobel, einer Mandoline oder einem scharfen Messer in sehr feine Scheiben schneiden. Die Erdbeeren waschen und putzen. In feine Scheiben schneiden. Nektarinen- und Erdbeerscheiben portionsweise sofort in den Teig geben und vorsichtig mischen, bis sie vollständig eingehüllt sind.

3. Die Backform mit der Butter einfetten und mit dem Mehl ausstäuben. Die Form umdrehen und kurz auf die Arbeitsfläche klopfen, um überschüssiges Mehl zu entfernen. Die Obst-Teig-Masse in die Form füllen und die Oberfläche glätten. Im vorgeheizten Ofen 35–40 Minuten backen, bis die Oberfläche goldbraun ist.

4. Lauwarm abkühlen lassen, dann in Stücke schneiden. Lauwarm oder kalt servieren.

Apfel-Quitte

Für 6 Personen • Zubereiten: 35 Minuten • Backen: 35–40 Minuten

Das Rezept

1. Die Quitte wie auf Seite 22 beschrieben zubereiten.

2. Den Teig wie auf Seite 16 beschrieben zubereiten.

3. Den Backofen auf 200 °C vorheizen. Die Äpfel schälen, vierteln und entkernen. Mit einem Hobel, einer Mandoline oder in der Küchenmaschine mit Schnitzelaufsatz in sehr feine Scheiben schneiden. Portionsweise sofort in den Teig geben und vorsichtig mischen, bis die Apfelscheiben vollständig eingehüllt sind und nicht braun werden können. Die abgetropften Quitten ebenfalls in feine Scheiben schneiden und unter den Teig heben.

4. Die Backform mit der Butter einfetten und mit dem Mehl ausstäuben. Die Form umdrehen und kurz auf die Arbeitsfläche klopfen, um überschüssiges Mehl zu entfernen. Die Obst-Teig-Masse in die Form füllen und die Oberfläche glätten. Im vorgeheizten Ofen 35–40 Minuten backen, bis die Oberfläche goldbraun ist.

5. Inzwischen die Haselnüsse grob hacken und ohne Fettzugabe in einer Pfanne goldbraun rösten. Mit dem Zucker bestreuen und rühren. Den Kuchen aus dem Ofen nehmen und sofort mit den Nüssen garnieren. Lauwarm abkühlen lassen, dann in Stücke schneiden. Lauwarm oder kalt servieren.

Die Zutaten

Für die Quitte

Quitte	1 große
Wasser	1 l
Zucker	50 g
Vanillezucker	1 TL

Für den Teig

Eier	2
brauner Zucker	50 g
Butter	20 g
Milch	100 ml
Weizenmehl	70 g
Backpulver	1 Päckchen
Salz	1 Prise
Äpfel (Pink Lady, Golden Delicious oder Gala)	4

Für die Nüsse

Haselnüsse	100 g
Zucker	20 g

Für eine runde Backform mit 20 cm Durchmesser oder eine quadratische Form mit 20 cm Seitenlänge

weiche Butter	30 g
Weizenmehl	30 g

Birne und Banane im Schokoladenteig

Für 6 Personen • Zubereiten: 20 Minuten • Backen: 35–40 Minuten

Das Rezept

1. Für den Teig die Kuvertüre grob hacken und im Wasserbad sanft schmelzen. Eier und Zucker in eine Schüssel geben und kräftig rühren, bis die Masse blass-schaumig ist. Die Butter zerlassen und etwas abkühlen lassen. Zusammen mit der Milch unter Rühren in die Eiermasse gießen. Mehl, Backpulver und Salz mischen und nach und nach unter Rühren in den Teig sieben. Der Teig sollte glatt und klümpchenfrei sein. Die flüssige Kuvertüre einarbeiten.

2. Den Backofen auf 200 °C vorheizen. Die Bananen schälen und in sehr feine Scheiben schneiden. Die Birnen schälen, vierteln und entkernen. Mit einem Hobel oder einer Mandoline in sehr feine Scheiben schneiden. Portionsweise sofort mit den Bananenscheiben in den Teig geben und vorsichtig mischen, bis sie vollständig eingehüllt sind.

3. Die Backform mit der Butter einfetten und mit dem Mehl ausstäuben. Die Form umdrehen und kurz auf die Arbeitsfläche klopfen, um überschüssiges Mehl zu entfernen. Die Obst-Teig-Masse in die Form füllen und die Oberfläche glätten. Im vorgeheizten Ofen 35–40 Minuten backen, bis die Oberfläche goldbraun ist.

4. Lauwarm abkühlen lassen, dann in Stücke schneiden. Lauwarm oder kalt servieren.

Die Zutaten

dunkle Kuvertüre......................................50 g
Eier 2
brauner Zucker ....50 g
Butter ....20 g
Milch...100 ml
Weizenmehl ....70 g
Backpulver...1 Päckchen
Salz ....1 Prise
nicht zu weiche Bananen.............................3
Birnen (Conference) 3

Für eine runde Backform mit 20 cm Durchmesser oder eine quadratische Form mit 20 cm Seitenlänge

weiche Butter ....30 g
Weizenmehl ....30 g

Mango-Rhabarber

Für 6 Personen • Zubereiten: 25 Minuten • Ruhen: 2 Stunden • Backen: 35–40 Minuten

Das Rezept

1. Den Rhabarber waschen, putzen und schälen. Mit einem Hobel oder einer Mandoline in sehr feine Scheiben schneiden. In ein großes Sieb geben und mit dem Zucker bestreuen. Das Sieb auf eine große Schüssel setzen und den Rhabarber 2 Stunden ziehen lassen.

2. Für den Teig Eier und Zucker in eine Schüssel geben und kräftig rühren, bis die Masse blass-schaumig ist. Die Butter zerlassen und etwas abkühlen lassen. Zusammen mit der Milch unter Rühren in die Eiermasse gießen. Mehl, Backpulver und Salz mischen und nach und nach unter Rühren in den Teig sieben. Der Teig sollte glatt und klümpchenfrei sein.

3. Den Backofen auf 200 °C vorheizen. Die Mangos schälen. Mit einem Hobel oder einer Mandoline von beiden Seiten bis an den Kern heran in sehr feine Scheiben schneiden. Die Scheiben je nach Größe längs halbieren oder dritteln. Portionsweise sofort mit dem abgetropften Rhabarber in den Teig geben und vorsichtig mischen, bis das Obst vollständig eingehüllt ist.

4. Die Backform mit der Butter einfetten und mit dem Mehl ausstäuben. Die Form umdrehen und kurz auf die Arbeitsfläche klopfen, um überschüssiges Mehl zu entfernen. Die Obst-Teig-

Die Zutaten

Für den Rhabarber

Rhabarber	300 g
Zucker	30 g

Für den Teig

Eier	2
brauner Zucker	50 g
Butter	20 g
Milch	100 ml
Weizenmehl	70 g
Backpulver	1 Päckchen
Salz	1 Prise
feste Mangos	2 (etwa 800 g)

Für eine runde Backform mit 20 cm Durchmesser oder eine quadratische Form mit 20 cm Seitenlänge

weiche Butter	30 g
Weizenmehl	30 g

Masse in die Form füllen und die Oberfläche glätten. Im vorgeheizten Ofen 35–40 Minuten backen, bis die Oberfläche goldbraun ist.

5. Lauwarm abkühlen lassen, dann in Stücke schneiden. Lauwarm oder kalt servieren.

Ananas mit Kokosmilch

Für 6 Personen • Zubereiten: 20 Minuten • Backen: 35–40 Minuten

Die Zutaten

Eier	2
brauner Zucker	50 g
Butter	20 g
Kokosmilch	100 ml
Weizenmehl	70 g
Backpulver	1 Päckchen
Zimtpulver	1 TL
Salz	1 Prise
Ananas	1
Kokosraspel	50 g

Für eine runde Backform mit 20 cm Durchmesser oder eine quadratische Form mit 20 cm Seitenlänge

weiche Butter	30 g
Weizenmehl	30 g

Tipp

Wenn Sie den harten Strunk der Ananas nicht mögen, entfernen Sie ihn vor dem Aufschneiden.

Das Rezept

1. Für den Teig Eier und Zucker in eine Schüssel geben und kräftig rühren, bis die Masse blassschaumig ist. Die Butter zerlassen und etwas abkühlen lassen. Zusammen mit der Kokosmilch unter Rühren in die Eiermasse gießen. Mehl, Backpulver und Salz mischen und nach und nach unter Rühren in den Teig sieben. Der Teig sollte glatt und klümpchenfrei sein.

2. Den Backofen auf 200 °C vorheizen. Den Blattschopf der Ananas entfernen und die Ananas schälen. Dabei darauf achten, dass alle Augen entfernt werden. Die Ananas vierteln und mit einem Hobel, einer Mandoline oder einem scharfen Messer in sehr feine Scheiben schneiden. Portionsweise sofort in den Teig geben und vorsichtig mischen, bis die Scheiben vollständig eingehüllt sind.

3. Die Backform mit der Butter einfetten und mit dem Mehl ausstäuben. Die Form umdrehen und kurz auf die Arbeitsfläche klopfen, um überschüssiges Mehl zu entfernen. Die Ananas-Teig-Masse in die Form füllen und die Oberfläche glätten. Im vorgeheizten Ofen 35–40 Minuten backen, bis die Oberfläche goldbraun ist.

4. Den Kuchen lauwarm abkühlen lassen, dann mit den Kokosraspeln bestreuen und in Stücke schneiden. Lauwarm oder kalt servieren.

Apfel-Karambole mit Rum

Für 6 Personen • Zubereiten: 20 Minuten • Backen: 35–40 Minuten

Das Rezept

1. Für den Teig Eier und Zucker in eine Schüssel geben und kräftig rühren, bis die Masse blassschaumig ist. Die Butter zerlassen und etwas abkühlen lassen. Zusammen mit Milch und Rum unter Rühren in die Eiermasse gießen. Mehl, Backpulver und Salz mischen und nach und nach unter Rühren in den Teig sieben. Der Teig sollte glatt und klümpchenfrei sein.

2. Den Backofen auf 200 °C vorheizen. Die Enden der Karambolen abschneiden und die Früchte mit einem Hobel oder einer Mandoline in sehr feine Scheiben schneiden. Die Äpfel schälen, vierteln und entkernen. Mit einem Hobel oder einer Mandoline in sehr feine Scheiben schneiden. Portionsweise sofort mit den Karambolenscheiben in den Teig geben und vorsichtig mischen, bis sie vollständig eingehüllt sind.

3. Die Backform mit der Butter einfetten und mit dem Mehl ausstäuben. Die Form umdrehen und kurz auf die Arbeitsfläche klopfen, um überschüssiges Mehl zu entfernen. Die Obst-Teig-Masse in die Form füllen und die Oberfläche glätten. Im vorgeheizten Ofen 35–40 Minuten backen, bis die Oberfläche goldbraun ist.

4. Lauwarm abkühlen lassen, dann in Stücke schneiden. Lauwarm oder kalt servieren.

Die Zutaten

Eier	2
brauner Zucker	50 g
Butter	20 g
Milch	100 ml
brauner Rum	1 EL
Weizenmehl	70 g
Backpulver	1 Päckchen
Salz	1 Prise
Karambolen (Sternfrucht)	4
Äpfel (Pink Lady, Golden Delicious oder Gala)	3

Für eine runde Backform mit 20 cm Durchmesser oder eine quadratische Form mit 20 cm Seitenlänge

weiche Butter	30 g
Weizenmehl	30 g

Tipp

Sie können den Kuchenteig mit zusätzlichen 30 g Zucker verfeinern.

Halloweenkuchen

Für 6 Personen • Zubereiten: 25 Minuten • Backen: 35–40 Minuten

Die Zutaten

Pekannusskerne ....80 g
Eier 2
brauner Zucker ....50 g
Butter ....20 g
Milch..100 ml
Weizenmehl ....70 g
Backpulver..............................1 Päckchen
Lebkuchengewürz............................½ TL
Zimtpulver...1 TL
Ingwerpulver.......................................½ TL
Salz ....1 Prise
Kürbis ....1 kg

Für eine runde Backform mit 20 cm Durchmesser oder eine quadratische Form mit 20 cm Seitenlänge

weiche Butter ....30 g
Weizenmehl ....30 g

Das Rezept

1. Für den Teig die Pekannüsse hacken. Eier und Zucker in eine Schüssel geben und kräftig rühren, bis die Masse blass-schaumig ist. Die Butter zerlassen und etwas abkühlen lassen. Zusammen mit der Milch unter Rühren in die Eiermasse gießen. Die Pekannüsse einarbeiten. Mehl, Backpulver, Gewürze und Salz mischen und nach und nach unter Rühren in den Teig sieben. Der Teig sollte glatt und klümpchenfrei sein.

2. Den Backofen auf 200 °C vorheizen. Den Kürbis schälen und entkernen. Je nach Größe dritteln oder vierteln. Mit einem Hobel oder einer Mandoline in sehr feine Scheiben schneiden. Portionsweise sofort in den Teig geben und vorsichtig mischen, bis die Scheiben vollständig eingehüllt sind.

3. Die Backform mit der Butter einfetten und mit dem Mehl ausstäuben. Die Form umdrehen und kurz auf die Arbeitsfläche klopfen, um überschüssiges Mehl zu entfernen. Die Kürbis-Teig-Masse in die Form füllen und die Oberfläche glätten. Im vorgeheizten Ofen 35–40 Minuten backen, bis die Oberfläche goldbraun ist.

4. Lauwarm abkühlen lassen, dann in Stücke schneiden. Lauwarm oder kalt servieren.

Kaki im Vanilleteig

Für 6 Personen • Zubereiten: 20 Minuten • Backen: 35–40 Minuten

Die Zutaten

Vanilleschote 1
Eier 2
brauner Zucker ....50 g
Butter ....20 g
Milch..100 ml
Weizenmehl ....70 g
Backpulver ....1 Päckchen
Salz ....1 Prise
nicht zu weiche Kakifrüchte......3–4 (etwa 900 g)

Für eine runde Backform mit 20 cm Durchmesser oder eine quadratische Form mit 20 cm Seitenlänge

weiche Butter ....30 g
Weizenmehl ....30 g

Tipps

Um die Verarbeitung der Kakifrüchte zu erleichtern, können Sie sie erst vierteln und dann in feine Scheiben schneiden. Sie können den Kuchenteig mit zusätzlichen 30 g Zucker verfeinern.

Das Rezept

1. Für den Teig die Vanilleschote mit einem kleinen Messer längs aufschlitzen und das Mark herauskratzen. Mit Eiern und Zucker in eine Schüssel geben und kräftig rühren, bis die Masse blass-schaumig ist. Die Butter zerlassen und etwas abkühlen lassen. Zusammen mit der Milch unter Rühren in die Eiermasse gießen. Mehl, Backpulver und Salz mischen und nach und nach unter Rühren in den Teig sieben. Der Teig sollte glatt und klümpchenfrei sein.

2. Den Backofen auf 200 °C vorheizen. Die Kakifrüchte mit einem Sparschäler oder einem scharfen Messer schälen und mit einem Hobel oder einer Mandoline in sehr feine Scheiben schneiden. Portionsweise sofort in den Teig geben und vorsichtig mischen, bis die Scheiben vollständig eingehüllt sind.

3. Die Backform mit der Butter einfetten und mit dem Mehl ausstäuben. Die Form umdrehen und kurz auf die Arbeitsfläche klopfen, um überschüssiges Mehl zu entfernen. Die Kaki-Teig-Masse in die Form füllen und die Oberfläche glätten. Im vorgeheizten Ofen 35–40 Minuten backen, bis die Oberfläche goldbraun ist.

4. Lauwarm abkühlen lassen, dann in Stücke schneiden. Lauwarm oder kalt servieren.

Karotte mit Gewürzen

Für 6 Personen • Zubereiten: 20 Minuten • Backen: 35–40 Minuten

Das Rezept

1. Für den Teig die Orangenschale fein abreiben. Eier und Zucker in eine Schüssel geben und kräftig rühren, bis die Masse blass-schaumig ist. Die Butter zerlassen und etwas abkühlen lassen. Zusammen mit der Milch unter Rühren in die Eiermasse gießen. Vanillearoma, Gewürze und Orangenabrieb einarbeiten. Mehl, Backpulver und Salz mischen und nach und nach unter Rühren in den Teig sieben. Der Teig sollte glatt und klümpchenfrei sein.

2. Den Backofen auf 200 °C vorheizen. Die Karotten schälen und längs halbieren. Mit einem Hobel oder einer Mandoline in sehr feine Bänder schneiden. Portionsweise sofort in den Teig geben und vorsichtig mischen, bis die Bänder vollständig eingehüllt sind. Die Nüsse mit einem Messer feinst zerkleinern, in den Teig geben und einrühren.

3. Die Backform mit der Butter einfetten und mit dem Mehl ausstäuben. Die Form umdrehen und kurz auf die Arbeitsfläche klopfen, um überschüssiges Mehl zu entfernen. Die Karotten-Teig-Masse in die Form füllen und die Oberfläche glätten. Im vorgeheizten Ofen 35–40 Minuten backen, bis die Oberfläche goldbraun ist.

4. Lauwarm abkühlen lassen, dann in Stücke schneiden. Lauwarm oder kalt servieren.

Die Zutaten

Für den Teig

unbehandelte Orange	1
Eier	2
brauner Zucker	50 g
Butter	20 g
Milch	100 ml
Vanillearoma	1 TL
frisch geriebene Muskatnuss	1 TL
Zimtpulver	2 TL
Ingwerpulver	1 TL
Weizenmehl	70 g
Backpulver	1 Päckchen
Salz	1 Prise

Für die Füllung

Karotten	6–8 (etwa 900 g)
Walnusskerne	60 g

Für eine runde Backform mit 20 cm Durchmesser oder eine quadratische Form mit 20 cm Seitenlänge

weiche Butter	30 g
Weizenmehl	30 g

Mango-Limette

Für 6 Personen • Zubereiten: 25 Minuten • Backen: 35–40 Minuten

Das Rezept

1. Für den Teig die Limettenschale fein abreiben. Eier und Zucker in eine Schüssel geben und kräftig rühren, bis die Masse blass-schaumig ist. Die Butter zerlassen und etwas abkühlen lassen. Zusammen mit Kokosmilch unter Rühren in die Eiermasse gießen. Die Limettenschale einarbeiten. Mehl, Backpulver und Salz mischen und nach und nach unter Rühren in den Teig sieben. Der Teig sollte glatt und klümpchenfrei sein.

2. Den Backofen auf 200 °C vorheizen. Die Mangos mit einem Sparschäler oder einem scharfen Messer schälen. Mit einem Hobel oder einer Mandoline von beiden Seiten bis an den Kern heran in sehr feine Scheiben schneiden. Die Scheiben je nach Größe längs halbieren oder dritteln. Portionsweise sofort in den Teig geben und vorsichtig mischen, bis die Scheiben vollständig eingehüllt sind.

3. Die Backform mit der Butter einfetten und mit dem Mehl ausstäuben. Die Form umdrehen und kurz auf die Arbeitsfläche klopfen, um überschüssiges Mehl zu entfernen. Die Mango-Teig-Masse in die Form füllen und die Oberfläche glätten. Im vorgeheizten Ofen 35–40 Minuten backen, bis die Oberfläche goldbraun ist

Die Zutaten

Limette 1
Eier 2
brauner Zucker ....50 g
Butter ....20 g
Kokosmilch.......................................100 ml
Weizenmehl ....70 g
Backpulver ....1 Päckchen
Salz ....1 Prise
nicht zu weiche Mangos ....2–3 (etwa 900 g)

Für eine runde Backform mit 20 cm Durchmesser oder eine quadratische Form mit 20 cm Seitenlänge

weiche Butter ....30 g
Weizenmehl ....30 g

Tipp

Sie können den Kuchenteig mit zusätzlichen 30 g Zucker verfeinern.

4. Lauwarm abkühlen lassen, dann in Stücke schneiden. Lauwarm oder kalt servieren.

Kiwi-Apfel

Für 6 Personen • Zubereiten: 20 Minuten • Backen: 35–40 Minuten

Das Rezept

1. Für den Teig Eier und Zucker in eine Schüssel geben und kräftig rühren, bis die Masse blass-schaumig ist. Die Butter zerlassen und etwas abkühlen lassen. Zusammen mit der Milch unter Rühren in die Eiermasse gießen. Mehl, Backpulver und Salz mischen und nach und nach unter Rühren in den Teig sieben. Der Teig sollte glatt und klümpchenfrei sein.

2. Den Backofen auf 200 °C vorheizen. Die Äpfel schälen, vierteln und entkernen. Mit einem Hobel, einer Mandoline oder in der Küchenmaschine mit Schnitzelaufsatz in sehr feine Scheiben schnei-den. Portionsweise sofort in den Teig geben und vorsichtig mischen, bis die Apfelscheiben vollstän-dig eingehüllt sind und nicht braun werden können. Die Kiwis schälen und den Stielansatz heraus-schneiden. Mit einem Hobel oder einer Mandoline in feine Scheiben schneiden. Ebenfalls unter den Teig heben.

3. Die Backform mit der Butter einfetten und mit dem Mehl ausstäuben. Die Form umdrehen und kurz auf die Arbeitsfläche klopfen, um überschüssiges Mehl zu entfernen. Die Obst-Teig-Masse in die Form füllen und die Oberfläche glätten. Im vorgeheizten Ofen 35–40 Minuten backen, bis die Oberfläche goldbraun ist.

4. Lauwarm abkühlen lassen, dann in Stücke schneiden. Lauwarm oder kalt servieren.

Die Zutaten

Eier 2
brauner Zucker .... 50 g
Butter .... 20 g
Milch .... 100 ml
Weizenmehl .... 70 g
Backpulver .... 1 Päckchen
Salz .... 1 Prise
Äpfel (Pink Lady,
Golden Delicious oder Gala) 3
nicht zu weiche Kiwis 5

Für eine Backform mit 20 cm Durchmesser oder eine quadratische Form mit 20 cm Seitenlänge oder kleine Törtchenformen

weiche Butter .... 30 g
Weizenmehl .... 30 g

Tipp

Sie können den Kuchenteig mit zusätzlichen 30 g Zucker verfeinern.

Banane-Ananas

Für 6 Personen • Zubereiten: 20 Minuten • Backen: 35–40 Minuten

Die Zutaten

Eier	2
brauner Zucker	50 g
Butter	20 g
Kokosmilch	100 ml
Weizenmehl	70 g
Backpulver	1 Päckchen
Salz	1 Prise
Ananas	1 kleine
nicht zu weiche Bananen	3

Für eine runde Backform mit 20 cm Durchmesser oder eine quadratische Form mit 20 cm Seitenlänge

weiche Butter	30 g
Weizenmehl	30 g

Das Rezept

1. Für den Teig Eier und Zucker in eine Schüssel geben und kräftig rühren, bis die Masse blassschaumig ist. Die Butter zerlassen und etwas abkühlen lassen. Zusammen mit der Kokosmilch unter Rühren in die Eiermasse gießen. Mehl, Backpulver und Salz mischen und nach und nach unter Rühren in den Teig sieben. Der Teig sollte glatt und klümpchenfrei sein.

2. Den Backofen auf 200 °C vorheizen. Die Ananas schälen und dabei auch alle Augen herausschneiden. Die Ananas vierteln und den Strunk entfernen. Mit einem scharfen Messer, einem Hobel oder einer Mandoline in feine Scheiben schneiden. Portionsweise sofort in den Teig geben und vorsichtig mischen, bis die Scheiben vollständig eingehüllt sind. Die Bananen schälen und in sehr feine Scheiben schneiden. Ebenfalls unter den Teig heben.

3. Die Backform mit der Butter einfetten und mit dem Mehl ausstäuben. Die Form umdrehen und kurz auf die Arbeitsfläche klopfen, um überschüssiges Mehl zu entfernen. Die Obst-Teig-Masse in die Form füllen und die Oberfläche glätten. Im vorgeheizten Ofen 35–40 Minuten backen, bis die Oberfläche goldbraun ist.

4. Lauwarm abkühlen lassen, dann in Stücke schneiden. Lauwarm oder kalt servieren.

Kartoffel-Käse

Für 6 Personen • Zubereiten: 20 Minuten • Backen: 35–40 Minuten

Die Zutaten

Für den Teig

frischer Thymian	3 Zweige
Eier	2
Olivenöl	1 EL
Milch	100 ml
Weizenmehl	70 g
Backpulver	1 Päckchen
Salz	2–3 Prisen
Pfeffer	2–3 Umdrehungen aus der Mühle

Für die Füllung

festkochende Kartoffeln	800 g
frisch geriebener Beaufort oder Bergkäse	50 g

Für eine runde Backform mit 20 cm Durchmesser oder eine quadratische Form mit 20 cm Seitenlänge

Olivenöl	1 EL
Weizenmehl	30 g

Tipp

Wenn Sie dieses Rezept in einer eckigen Form zubereiten, können Sie den Kuchen in kleine Würfel schneiden und zu einem Aperitif reichen. Lassen Sie den Kuchen erst vollständig erkalten, damit er sich besser schneiden lässt.

Das Rezept

1. Für den Teig die Thymianblätter von den Zweigen zupfen. Zusammen mit Eiern, Olivenöl und Milch in eine Schüssel geben und kräftig rühren, bis die Masse leicht schaumig ist. Mehl, Backpulver, Salz und Pfeffer mischen und nach und nach unter Rühren in den Teig sieben. Der Teig sollte glatt und klümpchenfrei sein.

2. Den Backofen auf 200 °C vorheizen. Die Kartoffeln schälen. Mit einem Hobel oder einer Mandoline in sehr feine Scheiben schneiden. Abspülen und mit Küchenpapier trocken tupfen. Portionsweise sofort in den Teig geben und vorsichtig mischen, bis die Kartoffelscheiben vollständig eingehüllt sind.

3. Die Backform mit dem Olivenöl einfetten und mit dem Mehl ausstäuben. Die Form umdrehen und kurz auf die Arbeitsfläche klopfen, um überschüssiges Mehl zu entfernen. Die Kartoffel-Teig-Masse in die Form füllen und die Oberfläche glätten. Mit dem Käse bestreuen. Im vorgeheizten Ofen 35–40 Minuten backen, bis die Oberfläche goldbraun ist.

4. Lauwarm abkühlen lassen, dann in Stücke schneiden. Lauwarm oder kalt servieren.

Zucchini-Ziegenfrischkäse

Für 6 Personen • Zubereiten: 20 Minuten • Backen: 35–40 Minuten

Die Zutaten

Minze...2 Stängel
Eier 2
Ziegenfrischkäse.................................100 g
Olivenöl .... 1 EL
Milch..100 ml
Weizenmehl ....70 g
Backpulver.....................................1 Päckchen
Salz ....2–3 Prisen
Pfeffer ....2–3 Umdrehungen aus der Mühle
Zucchini ....4–5 (etwa 800 g)

Für eine runde Backform mit 20 cm Durchmesser oder eine quadratische Form mit 20 cm Seitenlänge

Olivenöl .... 1 EL
Weizenmehl ....30 g

Tipp

Wenn Sie dieses Rezept in einer eckigen Form zubereiten, können Sie den Kuchen in kleine Würfel schneiden und zu einem Aperitif reichen. Lassen Sie den Kuchen erst vollständig erkalten, damit er sich besser schneiden lässt.

Das Rezept

1. Für den Teig die Minzeblätter von den Stängeln zupfen und fein hacken. Eier und Ziegenfrischkäse in eine Schüssel geben und kräftig rühren. Olivenöl, Milch und Minze einarbeiten. Mehl, Backpulver, Salz und Pfeffer mischen und nach und nach unter Rühren in den Teig sieben. Der Teig sollte glatt und klümpchenfrei sein.

2. Den Backofen auf 200 °C vorheizen. Die Zucchini streifenartig schälen. Mit einem Hobel oder einer Mandoline in sehr feine Scheiben schneiden. Portionsweise sofort in den Teig geben und vorsichtig mischen, bis die Scheiben vollständig eingehüllt sind.

3. Die Backform mit dem Olivenöl einfetten und mit dem Mehl ausstäuben. Die Form umdrehen und kurz auf die Arbeitsfläche klopfen, um überschüssiges Mehl zu entfernen. Die Zucchini-Teig-Masse in die Form füllen und die Oberfläche glätten. Im vorgeheizten Ofen 35–40 Minuten backen, bis die Oberfläche goldbraun ist.

4. Lauwarm abkühlen lassen, dann in Stücke schneiden. Lauwarm oder kalt servieren.

Fenchel und Karotte mit Gouda

Für 6 Personen • Zubereiten: 25 Minuten • Backen: 35–40 Minuten

Das Rezept

1. Für den Teig Eier, Walnussöl, Senf, Milch und Gewürze in eine Schüssel geben und kräftig rühren, bis die Masse leicht schaumig ist. Mehl, Backpulver, Salz und Pfeffer mischen und nach und nach unter Rühren in den Teig sieben. Der Teig sollte glatt und klümpchenfrei sein.

2. Den Backofen auf 200 °C vorheizen. Den Fenchel waschen und putzen. Längs halbieren und den Strunk herausschneiden. Die Karotten schälen und längs halbieren. Mit einem Hobel oder einer Mandoline den Fenchel in sehr feine Scheiben und die Karotten längs in sehr feine Bänder schneiden. Portionsweise sofort in den Teig geben und vorsichtig mischen, bis die Gemüsescheiben vollständig eingehüllt sind.

3. Die Backform mit dem Olivenöl einfetten und mit dem Mehl ausstäuben. Die Form umdrehen und kurz auf die Arbeitsfläche klopfen, um überschüssiges Mehl zu entfernen. Die Gemüse-Teig-Masse in die Form füllen und die Oberfläche glätten. Mit dem Käse bestreuen. Im vorgeheizten Ofen 35–40 Minuten backen, bis die Oberfläche goldbraun ist.

4. Lauwarm abkühlen lassen, dann in Stücke schneiden. Lauwarm oder kalt servieren.

Die Zutaten

Für den Teig

Eier	2
Walnussöl	1 EL
scharfer Senf	1 gehäufter EL
Milch	100 ml
gemahlener Kreuzkümmel	2 TL
Anissamen	1 TL
Weizenmehl	70 g
Backpulver	1 Päckchen
Salz	2–3 Prisen
Pfeffer	2–3 Umdrehungen aus der Mühle

Für die Füllung

Fenchel	1 große Knolle
Karotten	4 große
frisch geriebener mittelalter Gouda	60 g

Für eine runde Backform mit 20 cm Durchmesser oder eine quadratische Form mit 20 cm Seitenlänge

Olivenöl	1 EL
Weizenmehl	30 g

Tipp

Der Kuchen lässt sich kalt einfacher schneiden.

Kartoffel-Schinken-Champignons

Für 6 Personen • Zubereiten: 35 Minuten • Backen: 35–40 Minuten

Das Rezept

1. Die Pilze säubern. Die Stiele entfernen und die Kappen in feine Scheiben schneiden. Die Schalotte abziehen und fein hacken. Das Olivenöl in einer Pfanne erhitzen und die Champignons hineingeben. Salzen und bei starker Hitze 3–4 Minuten unter Rühren anbraten. Die Schalotten zugeben, salzen und pfeffern. Wenn die Pilze zu bräunen beginnen, die Butter zufügen und weitere 2–3 Minuten unter gelegentlichem Rühren ohne Wasserzugabe dünsten.

2. Für den Teig Eier, Olivenöl und Milch in eine Schüssel geben und kräftig rühren, bis die Masse leicht schaumig ist. Mehl, Backpulver, Salz und Pfeffer mischen und nach und nach unter Rühren in den Teig sieben. Der Teig sollte glatt und klümpchenfrei sein.

3. Den Backofen auf 200 °C vorheizen. Die Kartoffeln schälen. Mit einem Hobel oder einer Mandoline in sehr feine Scheiben schneiden. Abspülen und mit Küchenpapier trocken tupfen. Portionsweise sofort in den Teig geben und vorsichtig mischen, bis die Scheiben vollständig eingehüllt sind. Den Schinken würfeln und zusammen mit den Pilzen ebenfalls unter den Teig mischen.

4. Die Backform mit dem Olivenöl einfetten und mit dem Mehl ausstäuben. Die Form umdrehen und kurz auf die Arbeitsfläche klopfen, um überschüssiges Mehl zu entfernen. Die Kartoffel-

Die Zutaten

Für die Pilze

große Champignons	300 g
Schalotten	2
Olivenöl	50 ml
Salz	1 große Prise
Pfeffer	2–3 Umdrehungen aus der Mühle
Butter	25 g

Für den Teig

Eier	2
Olivenöl	1 EL
Milch	100 ml
Weizenmehl	70 g
Backpulver	1 Päckchen
Salz	2–3 Prisen
Pfeffer	2–3 Umdrehungen aus der Mühle
festkochende Kartoffeln	600 g
Kochschinken	3 Scheiben

Für eine runde Backform mit 20 cm Durchmesser oder eine quadratische Form mit 20 cm Seitenlänge

Olivenöl	1 EL
Weizenmehl	30 g

Teig-Masse in die Form füllen und die Oberfläche glätten. Im vorgeheizten Ofen 35–40 Minuten backen, bis die Oberfläche goldbraun ist.

Rüben-Honig-Ziegenkäse

Für 6 Personen • Zubereiten: 25 Minuten • Backen: 35–40 Minuten

— Die — Zutaten

Für den Teig

Eier	2
Olivenöl	1 EL
Rosmarin- oder Thymianhonig + etwas für den Ziegenkäse	1 EL
Milch	100 ml
Weizenmehl	70 g
Backpulver	1 Päckchen
Salz	2–3 Prisen
Pfeffer	2–3 Umdrehungen aus der Mühle

Für die Füllung

Mairübchen	850 g (etwa 10 Stück)
Ziegenkäserolle	100 g

Für eine runde Backform mit 20 cm Durchmesser oder eine quadratische Form mit 20 cm Seitenlänge

Olivenöl	1 EL
Weizenmehl	30 g

— Tipp —

Lassen Sie den Kuchen erst vollständig erkalten, damit er sich besser schneiden lässt.

— Das — Rezept

1. Für den Teig die Eier in eine Schüssel geben und kräftig rühren, bis sie leicht schaumig sind. Olivenöl, Honig und Milch sorgfältig einarbeiten. Mehl, Backpulver, Salz und Pfeffer mischen und nach und nach unter Rühren in den Teig sieben. Der Teig sollte glatt und klümpchenfrei sein.

2. Den Backofen auf 200 °C vorheizen. Die Rübchen schälen. Mit einem Hobel oder einer Mandoline in sehr feine Scheiben schneiden. Portionsweise sofort in den Teig geben und vorsichtig mischen, bis die Scheiben vollständig eingehüllt sind.

3. Die Ziegenkäserolle mit einem kleinen Messer in feine Scheiben schneiden. Die Backform mit dem Olivenöl einfetten und mit dem Mehl ausstäuben. Die Form umdrehen und kurz auf die Arbeitsfläche klopfen, um überschüssiges Mehl zu entfernen. Die Rübchen-Teig-Masse in die Form füllen und die Oberfläche glätten. Die Ziegenkäsescheiben darauf verteilen und mit etwas Honig beträufeln. Im vorgeheizten Ofen 35–40 Minuten backen, bis die Oberfläche goldbraun ist.

4. Lauwarm abkühlen lassen, dann in Stücke schneiden. Lauwarm oder kalt servieren.

Lauch mit Käse

Für 6 Personen • Zubereiten: 20 Minuten • Backen: 35–40 Minuten

Die Zutaten

Für den Teig

Eier	2
Olivenöl	1 EL
Milch	100 ml
Weizenmehl	70 g
Backpulver	1 Päckchen
Salz	2–3 Prisen
Pfeffer	2–3 Umdrehungen aus der Mühle

Für die Füllung

Lauch	6 große Stangen (etwa 900 g)
geriebener Comté oder Bergkäse	40 g

Für eine runde Backform mit 20 cm Durchmesser oder eine quadratische Form mit 20 cm Seitenlänge

Olivenöl	1 EL
Weizenmehl	30 g

Tipp

Der Kuchen lässt sich einfacher schneiden, wenn er vollständig erkaltet ist. Sie können ihn in der Mikrowelle oder abgedeckt mit Alufolie einige Minuten im heißen Backofen aufwärmen.

Das Rezept

1. Für den Teig die Eier in eine Schüssel geben und kräftig rühren, bis sie leicht schaumig sind. Olivenöl und Milch sorgfältig einarbeiten. Mehl, Backpulver, Salz und Pfeffer mischen und nach und nach unter Rühren in den Teig sieben. Der Teig sollte glatt und klümpchenfrei sein.

2. Den Backofen auf 200 °C vorheizen. Zwei Drittel des grünen Teils der Lauchstangen entfernen. Den Rest waschen und putzen. Mit einem Hobel oder einer Mandoline in sehr feine Scheiben schneiden. Portionsweise sofort in den Teig geben und vorsichtig mischen, bis sie vollständig eingehüllt sind.

3. Die Backform mit dem Olivenöl einfetten und mit dem Mehl ausstäuben. Die Form umdrehen und kurz auf die Arbeitsfläche klopfen, um überschüssiges Mehl zu entfernen. Die Lauch-Teig-Masse in die Form füllen und die Oberfläche glätten. Mit dem Käse bestreuen. Im vorgeheizten Ofen 35–40 Minuten backen, bis die Oberfläche goldbraun ist.

4. Lauwarm abkühlen lassen, dann in Stücke schneiden. Lauwarm oder kalt servieren.

Topinambur mit Muskatnuss

Für 6 Personen • Zubereiten: 20 Minuten • Backen: 35–40 Minuten

Das Rezept

1. Für den Teig die Rosmarinnadeln vom Zweig zupfen. Mit der Milch in einen Topf geben und zum Kochen bringen. Sofort vom Herd nehmen und ziehen lassen, bis die Milch vollständig erkaltet ist. Durch ein Haarsieb abgießen. Eier, Olivenöl und Milch in eine Schüssel geben und kräftig rühren, bis die Masse leicht schaumig ist. Mehl, Backpulver, Muskatnuss, Salz und Pfeffer mischen und nach und nach unter Rühren in den Teig sieben. Der Teig sollte glatt und klümpchenfrei sein.

2. Den Backofen auf 200 °C vorheizen. Die Topinamburen schälen und abspülen. Mit einem Hobel oder einer Mandoline in sehr feine Scheiben schneiden. Portionsweise sofort in den Teig geben und vorsichtig mischen, bis die Scheiben vollständig eingehüllt sind.

3. Die Knoblauchzehe abziehen und halbieren. Die Backform mit den Zehenhälften einreiben. Mit dem Olivenöl einfetten und mit dem Mehl ausstäuben. Die Form umdrehen und kurz auf die Arbeitsfläche klopfen, um überschüssiges Mehl zu entfernen. Die Topinambur-Teig-Masse in die Form füllen und die Oberfläche glätten. Im vorgeheizten Ofen 35–40 Minuten backen, bis die Oberfläche goldbraun ist.

4. Lauwarm abkühlen lassen, dann in Stücke schneiden. Lauwarm oder kalt servieren.

Die Zutaten

Rosmarin	1 Zweig
Milch	100 ml
Eier	2
Olivenöl	1 EL
Weizenmehl	70 g
Backpulver	1 Päckchen
frisch geriebene Muskatnuss	1 große Prise
Salz	2–3 Prisen
Pfeffer	2–3 Umdrehungen aus der Mühle
Topinamburen	900 g

Für eine runde Backform mit 20 cm Durchmesser oder eine quadratische Form mit 20 cm Seitenlänge

Knoblauch	1 Zehe
Olivenöl	1 EL
Weizenmehl	30 g

Tipp

Wenn Sie dieses Rezept in einer eckigen Form zubereiten, können Sie den Kuchen in kleine Würfel schneiden und zu einem Aperitif reichen. Lassen Sie den Kuchen erst vollständig erkalten, damit er sich besser schneiden lässt.

Rote Bete mit Kartoffeln und Kümmel

Für 6 Personen • Zubereiten: 20 Minuten • Backen: 35–40 Minuten

Die Zutaten

Eier 2
Olivenöl .... 1 EL
Milch... 100 ml
Senfkörner .... 1 EL
Kümmelsamen .... 1 EL
Weizenmehl .... 70 g
Backpulver ....1 Päckchen
Salz .... 2–3 Prisen
Pfeffer .... 2–3 Umdrehungen aus der Mühle
festkochende Kartoffeln............................ 500 g
rohe Rote Beten..................................... 300 g

Für eine runde Backform mit 20 cm Durchmesser oder eine quadratische Form mit 20 cm Seitenlänge

Olivenöl .... 1 EL
Weizenmehl .... 30 g

Variante

Sie können den Kuchen vor dem Backen mit 50 g geriebenem Comté oder Bergkäse bestreuen.

Tipp

Für kleine Einzelportionen setzen Sie kleine Backringe auf ein mit Backpapier belegtes Backblech, füllen die Gemüse-Teig-Masse ein und backen Sie sie 20 Minuten.

Das Rezept

1. Für den Teig Eier, Olivenöl, Milch, Senf- und Kümmelsamen in eine Schüssel geben und kräftig rühren, bis die Masse leicht schaumig ist. Mehl, Backpulver, Salz und Pfeffer mischen und nach und nach unter Rühren in den Teig sieben. Der Teig sollte glatt und klümpchenfrei sein.

2. Den Backofen auf 200 °C vorheizen. Kartoffeln und Rote Beten schälen. Mit einem Hobel oder einer Mandoline in sehr feine Scheiben schneiden. Die Kartoffelscheiben abspülen und mit Küchenpapier trocken tupfen. Die Gemüsescheiben portionsweise sofort in den Teig geben und vorsichtig mischen, bis sie vollständig eingehüllt sind.

3. Die Backform mit dem Olivenöl einfetten und mit dem Mehl ausstäuben. Die Form umdrehen und kurz auf die Arbeitsfläche klopfen, um überschüssiges Mehl zu entfernen. Die Gemüse-Teig-Masse in die Form füllen und die Oberfläche glätten. Im vorgeheizten Ofen 35–40 Minuten backen, bis die Oberfläche goldbraun ist.

4. Lauwarm abkühlen lassen, dann in Stücke schneiden. Lauwarm oder kalt servieren.

Schwarzer Rettich mit Ingwer und Süßkartoffel

Für 6 Personen • Zubereiten: 30 Minuten • Backen: 35–40 Minuten

Die Zutaten

frischer Ingwer .... 3 cm
Koriander .... ½ Bund
Eier 2
Olivenöl .... 1 EL
Senfkörner .... 1 EL
Milch .... 100 ml
Weizenmehl .... 70 g
Backpulver ....1 Päckchen
Salz .... 2–3 Prisen
Pfeffer .... 2–3 Umdrehungen aus der Mühle
Süßkartoffeln .... 500 g
schwarzer Rettich .... 1 großer

Für eine runde Backform mit 20 cm Durchmesser oder eine quadratische Form mit 20 cm Seitenlänge

Olivenöl .... 1 EL
Weizenmehl .... 30 g

Tipp

Wenn Sie dieses Rezept in einer eckigen Form zubereiten, können Sie den Kuchen in kleine Würfel schneiden und zu einem Aperitif reichen. Lassen Sie den Kuchen erst vollständig erkalten, damit er sich besser schneiden lässt.

Das Rezept

1. Für den Teig den Ingwer schälen und fein hacken. Den Koriander waschen, die Blätter abzupfen und fein hacken. Eier, Olivenöl, Milch, Koriander, Ingwer und Senfkörner in eine Schüssel geben und kräftig rühren, bis die Masse leicht schaumig ist. Mehl, Backpulver, Salz und Pfeffer mischen und nach und nach unter Rühren in den Teig sieben. Der Teig sollte glatt und klümpchenfrei sein.

2. Den Backofen auf 200 °C vorheizen. Die Süßkartoffeln schälen. Den Rettich putzen. Süßkartoffeln und Rettich mit einem Hobel oder einer Mandoline in sehr feine Scheiben schneiden. Portionsweise sofort in den Teig geben und vorsichtig mischen, bis die Scheiben vollständig eingehüllt sind.

3. Die Backform mit dem Olivenöl einfetten und mit dem Mehl ausstäuben. Die Form umdrehen und kurz auf die Arbeitsfläche klopfen, um überschüssiges Mehl zu entfernen. Die Gemüse-Teig-Masse in die Form füllen und die Oberfläche glätten. Im vorgeheizten Ofen 35–40 Minuten backen, bis die Oberfläche goldbraun ist.

4. Lauwarm abkühlen lassen, dann in Stücke schneiden. Lauwarm oder kalt servieren.

Kürbis mit Salbei und Parmesan

Für 6 Personen • Zubereiten: 25 Minuten • Backen: 35–40 Minuten

Die Zutaten

Salbei..5 Zweige
Eier 2
Olivenöl ....1 EL
Milch..100 ml
Weizenmehl ....70 g
Backpulver.................................1 Päckchen
Salz ....2–3 Prisen
Pfeffer ....2–3 Umdrehungen aus der Mühle
frisch geriebener Parmesan........................50 g
Kürbis ....1 kg

Für eine runde Backform mit 20 cm Durchmesser oder eine quadratische Form mit 20 cm Seitenlänge

Olivenöl ....1 EL
Weizenmehl ....30 g

Tipp

Wenn Sie dieses Rezept in einer eckigen Form zubereiten, können Sie den Kuchen in kleine Würfel schneiden und zu einem Aperitif reichen. Lassen Sie den Kuchen erst vollständig erkalten, damit er sich besser schneiden lässt.

Das Rezept

1. Für den Teig die Salbeiblätter von den Zweigen zupfen und fein hacken. Zusammen mit Eiern, Olivenöl und Milch in eine Schüssel geben und kräftig rühren, bis die Masse leicht schaumig ist. Mehl, Backpulver, Salz und Pfeffer mischen und nach und nach unter Rühren in den Teig sieben. Der Teig sollte glatt und klümpchenfrei sein.

2. Den Backofen auf 200 °C vorheizen. Den Kürbis schälen und je nach Größe in drei bis vier Stücke teilen. Mit einem Hobel oder einer Mandoline in sehr feine Scheiben schneiden. Portionsweise sofort in den Teig geben und vorsichtig mischen, bis die Scheiben vollständig eingehüllt sind.

3. Die Backform mit dem Olivenöl einfetten und mit dem Mehl ausstäuben. Die Form umdrehen und kurz auf die Arbeitsfläche klopfen, um überschüssiges Mehl zu entfernen. Die Kürbis-Teig-Masse in die Form füllen und die Oberfläche glätten. Mit dem Käse bestreuen. Im vorgeheizten Ofen 35–40 Minuten backen, bis die Oberfläche goldbraun ist.

4. Lauwarm abkühlen lassen, dann in Stücke schneiden. Lauwarm oder kalt servieren.

Selbst gemacht schmeckt immer besser!

80 Seiten, zahlreiche Farbfotos
ISBN 978-3-572-08216-2

96 Seiten, zahlreiche Farbfotos
ISBN 978-3-572-08218-6

Wasser mit echtem Geschmack und voller Vitamine, Vitalstoffe und Antioxidantien. So wird es richtig lecker, die empfohlene Menge von 1,5 bis 2 Liter Flüssigkeit zu trinken. Das hilft dem Kreislauf, kurbelt den Stoffwechsel an und lässt die Haut besser aussehen. Das ideale Getränk für jeden Tag oder für eine kleine Power-Kur.

Köstliche Eisdesserts, innovative Eistorten, Eis am Stiel oder im Hörnchen – in diesem Buch finden Sie 40 coole Eiskreationen. Ob Eiscreme, Sorbet oder Frozen Yogurt: Diese Rezepte laden zum Schlemmen ein, mit und ohne Eismaschine.

Besuchen Sie uns
auch auf

www.bassermann-verlag.de

Die geniale Art des Nudelkochens

80 Seiten, zahlreiche Farbfotos
ISBN 978-3-572-08215-5

Pasta blitzschnell und (fast) ohne Abwasch. Alle Zutaten kommen in einen Topf und garen mit etwas Wasser zu einem köstlichen Gericht. Denn die Nudeln kochen nicht wie sonst in Salzwasser, sondern sie nehmen bei dieser Methode die Aromen aller Zutaten auf. In 10 bis 15 Minuten ist das perfekte Pastagericht fertig!

Besuchen Sie uns auch auf

Ich danke Anne für ihr erneutes Vertrauen und dem Blog von Eryn (erynfollecuisine.canalblog.com), der mich zu diesen Rezepten inspiriert hat.

Mélanie Martin

ISBN 978-3-572-08217-9

3. Auflage

© 2016 by Bassermann Inspiration, einem Unternehmen der Verlagsgruppe Random House GmbH, Neumarkter Str. 28, 81673 München

© der Originalausgabe „Gâteaux Invisibles": Hachette-Livre (Hachette Pratique) 2015; Text by Mélanie Martin, Photos by Bernard Radvaner

Der Verlag weist ausdrücklich darauf hin, dass im Text enthaltene externe Links vom Verlag nur bis zum Zeitpunkt der Buchveröffentlichung eingesehen werden konnten. Auf spätere Veränderungen hat der Verlag keinerlei Einfluss. Eine Haftung des Verlags ist daher ausgeschlossen.

Umschlaggestaltung: Atelier Versen, Bad Aibling
Fotos: Bernard Radvaner
Food Styling: Motoko Okuno
Herstellung: Elke Cramer
Projektleitung: Anja Halveland

Die Ratschläge in diesem Buch sind von der Autorin und vom Verlag sorgfältig erwogen und geprüft, dennoch kann eine Garantie nicht übernommen werden. Eine Haftung der Autorin bzw. des Verlags und seiner Beauftragten für Personen-, Sach- und Vermögensschäden ist ausgeschlossen.

Realisation der deutschen Ausgabe: trans texas publishing services GmbH, Köln
Übersetzung: Lisa Heilig, Köln

Druck und Verarbeitung: Neografia, Martin

Printed in Slovakia

FSC
www.fsc.org
MIX
Papier aus verantwortungsvollen Quellen
FSC® C020353

Verlagsgruppe Random House FSC® N001967